Lassy Mbouity

Autonomisation politique de la jeunesse africaine

Lassy Mbouity, né le 15 Octobre 1988 à Brazzaville, est un écrivain et homme politique congolais. Il est actuellement un organisateur de communauté en Afrique, en Europe et aux États-Unis.

Du même auteur

Histoire de la République démocratique du Congo

Histoire de la République du Congo

Histoire de la République gabonaise

Historique de la République centrafricaine

La lutte contre la corruption et les conflits d'intérêts en Afrique

Révolution de l'éducation africaine

« Une société qui se coupe de sa jeunesse, se coupe de sa ligne de vie et de son avenir »

Lassy Mbouity

Table des Matières

Installation de l'organisme de gestion des élections

Élaboration du cadre juridique des élections

Qui peut voter?

Comment s'exprime le vote?

Quel est l'objet du vote?

Quelles sont les modalités d'expression du suffrage?

Quelles sont les modalités de détermination des résultats?

Inscription des électeurs, des candidats et des partis politiques

Financement des partis politiques

Campagne d'éducation civique et électorale

Campagne électorale

Phase électorale

Phase post-électorale

Publication officielle des résultats

Jeunesse Politicienne

La jeunesse et sa participation en politique

Fourniture de l'assistance électorale liées à
la jeunesse

Soutien aux nouveaux partenaires sans
conditions

Aider à atténuer les conflits entre les jeunes
et les partis politiques

Renforcer la participation des jeunes
pendant les élections

Établir des mécanismes de reddition de
comptes

La transparence

Environnement favorable

Stratégies pour améliorer efficacement
la participation politique de la jeunesse

Principaux enjeux

Les bonnes pratiques

Admissibilité au Sénat
Encourager l'éducation civique continue des
jeunes dans les écoles et les universités

Programmes de formation pour la
conception de nouveaux projets

Fracture numérique : les téléphones mobiles,
la radio ou la télévision

Utilisation des plateformes en ligne pour le
partage de connaissances

Soutenir le développement des partis
politiques jeunes

Assurer la formation et les besoins des
jeunes femmes séparément

Assurer la participation des jeunes dans toutes les phases des élections avec des campagnes éducatives

Inclusion des jeunes dans les bureaux de vote et les organes de gestion des élections

Faire entendre la voix des jeunes au Parlement et dans les gouvernements

Conclusion

Importance des partis politiques

Avant-propos

Comment les partis politiques engagent et mobilisent les jeunes en Afrique ?

L'inclusion des jeunes dans la vie politique formelle est importante, comme l'ont démontré les soulèvements populaires dans les pays arabes et les différents mouvements d'occupation.

Un principe de base est que le soutien à la participation politique des jeunes devrait s'étendre tout au long du cycle électoral.

Ce livre s'efforce de déterminer les valeurs que les Gouvernements Africains considèrent comme applicables pour permettre aux jeunes de contribuer aux efforts de développement national et d'améliorer la qualité de leur vie.

En effet, il explore la perspective des gouvernements africains en la matière.

Le besoin d'un changement dans la vie politique et la classe dirigeante africaine se fait particulièrement sentir parce que les jeunes utilisent constamment le développement et l'autonomisation comme des nouveaux slogans politiques.

L'objectif du travail de l'Union Africain (UA) pour la jeunesse est de s'assurer que les jeunes filles et garçons sont engagés dans des politiques et des programmes qui les concernent et mènent une action pour promouvoir la paix et le développement durable dans leurs communautés.

La communauté internationale a reconnu l'importance de la participation des jeunes aux systèmes politiques, y compris à travers plusieurs conventions internationales et résolutions de l'ONU.

Cette stratégie s'inscrit dans la ligne de la
Charte africaine de la jeunesse et partage de
nombreux éléments communs avec le Plan
d'action 2009-2018 de l'Union africaine
pour le développement et la
responsabilisation de la jeunesse en Afrique.

Fondamentalement, ce document favorise
l'engagement civique des jeunes en Afrique
comme un moyen d'autonomisation et de
prévention contre la violence.

Introduction

Depuis déjà quelques années, nous observons un élargissement de la sphère publique africaine.

Les jeunes représentent 70% de la population en Afrique et deviennent de plus en plus actif dans la sphère politique à travers les espaces de discussions universitaires, professionels, de rue et sur internet (Facebook, Twitter…).

Même si les espaces de discussions sont considérés comme « non officiels » et se tiennent dans la périphérie de l'agent autorisé de cette sphère politique, les interactions avec les partis politiques et les organisations politiques determinent les acteurs politiques importants d'aujour'hui.

Ces espaces alternatifs sont un nouveau moyen pour les jeunes d'intégrer la sphère politique qui sert à être un endroit clos où ils ont été exclus par leurs aînés.

Les nouvelles figures de la réussite et du pouvoir politique en Afrique comme Soro Kigbafori Guillaume en Côte d'Ivoire et Julius Malema en Afrique du Sud sont nées de ces espaces alternatifs et ont parfaitement joué un rôle de premier plan dans la vie politique d'aujourd'hui.

Cette nouvelle génération d'acteurs politiques utilise différents outils pour parvenir à passer leurs messages. Dans ces espaces de discussion, les jeunes utilisent aussi les technologies de l'information dans tous les aspects de leurs activités : téléphones mobiles internet, ipod, CD, DVD…

Tous les dispositifs sont beaucoup utilisés dans le jeu politique. Depuis 2012, dans presque toutes les regions de l'Afrique, les espaces de discussion n'ont pas cessé de croître ; ce fait est une expression de la volonté des jeunes à participer au débat politique, à communiquer leurs espoirs et leurs attentes à d'autres composants du corps social.

En réalité, ces espaces sont également des espaces de résistance, où les groupes de jeunes en quête de nouvelles identités politiques et culturelles peuvent s'affronter. Une nouvelle manière d'être, une nouvelle façon de savoir-faire a émergé dans ces espaces.

Les jeunes sont souvent impliqués dans le secteur informel et dans les processus politiques pertinents tels que l'activisme ou l'engagement civique.

Les jeunes ne sont pas formellement représentés dans les institutions politiques nationales telles que les parlements et beaucoup d'entre eux ne participent pas aux élections. Cela peut avoir un impact sur la qualité de la gouvernance démocratique.

L'inclusion des jeunes dans la politique officielle est importante, car les

soulèvements et les mouvements divers ont
démontré de nouvelles idées et un nouveau
leadership qui peut aider à surmonter les
pratiques autoritaires. Pendant que des
manifestations dirigées par des jeunes ont
forcé les régimes autoritaires en puissance,
des frustrations importantes sont
susceptibles de se produire lorsque les
jeunes ne sont pas inclus dans la nouvelle
prise de décision formelle.

En Afrique, cela peut déstabiliser la
démocratie et accélérer la dynamique du
conflit.
La communauté internationale a reconnu
l'importance des jeunes à participer
pleinement à la vie politique, y compris à
travers plusieurs conventions internationales
et résolutions de l'Organisation des Nations
Unies (ONU).

En ligne avec ces engagements, les Nations
Unies considère la jeunesse comme une
force positive pour la transformation sociale,
le changement et vise à améliorer la
participation politique de la jeunesse,
notamment en Afrique.

Ce livre résume une bonne pratique à prendre en considération par la jeunesse africaine en général, par d'autres acteurs de développement et électoraux afin de travailler ensemble vers une plus grande participation effective des jeunes.

Un principe de base retient que le soutien à la participation politique des jeunes devrait s'étendre à travers le cycle électoral.
Le développement des capacités pour les jeunes candidats, par exemple, s'est avéré plus efficace comme un effort continu que comme un événement ponctuel.

Les jeunes qui participent activement dans leurs communautés dès le début sont plus susceptibles de devenir les citoyens et les électeurs engagés.

Ce livre est un guide qui retrace certains points d'entrée avant, pendant et après les élections, s'appuyant sur l'approche du cycle électoral, qui met l'accent sur des interventions stratégiques au-delà d'un événement électoral.

Un autre principe de base est que la participation politique de la jeunesse doit être utile et efficace, aller au-delà des gestes symboliques. Le développement des capacités est une mesure intégrale construisant personnellement un avenir meilleur pour la jeunesse africaine ; aucune nation est née dans la démocratie. Au contraire, à la fois sont des processus qui continuent d'évoluer sur une durée de vie. Les jeunes doivent être inclus à partir de la naissance.

Renforcer la participation politique de la jeunesse à travers le cycle electoral et des capacités individuelles est la clé. Les capacités des organisations et la mesure dans laquelle un environnement permet aux individus et aux institutions à participer aux processus politiques peuvent également être pris en compte.

Il a été trouvé être bénéfique de considerer les interventions pour aider les jeunes comme possible car elles peuvent encourager la jeunesse à participer à la gestion des projets, en partenariat avec des initiatives et faciliter leur inclusion dans les processus de consultation nationaux et locaux, y compris grâce aux nouvelles technologies.

Suite à une approche fondée sur les droits qui implique la jeunesse et la considère comme un agent potentiel du changement dans le but de trouver des solutions, il est important que les africains commencent à résoudre leurs problèmes eux-mêmes. En outre, les jeunes gens ne sont pas un bloc homogène et d'autres aspects sociaux tels que le sexe, l'habitat rural et urbain, l'ethnicité, la langue et d'autres, doivent être pris en considération lors des interventions. Il est important d'insister sur le message de l'inclusion des jeunes, sur des initiatives qui devraient être transparents, respectueux, responsables et pertinents afin de faire un lien vers les préoccupations spécifiques des jeunes tels que le chômage, l'environnement ou le SIDA.

Les points de vue des experts du développement et des jeunes ont été sollicités au moyen d'entrevues et de

groupes de discussion lors de plusieurs
reunion en Afrique.

Notre travail aboutira à l'identification des
points d'entrée qui seront capables d'aider
les organisations impliquées dans la
promotion des valeurs de la jeunesse en
Afrique.

Cadre juridique

En démocratie, un cadre juridique adaptés aux jeunes est important pour permettre une participation en politique.

Dans la plupart des pays africains, les lois stipulent que l'âge d'admissibilité pour être candidat au parlement est de 25 ans ou plus élevés, créant un fossé entre l'âge légal de la majorité d'une part et l'âge de voter d'autre part mais surtout entre l'âge auquel une personne jeune peut servir dans les fonctions électives.

Puisque les gouvernements et les parlements nationaux peuvent examiner le cadre juridique, ils peuvent envisager :

- aligner l'âge minimum du vote et l'âge minimum d'éligibilité aux élections;
- introduire les jeunes et les quotas des femmes dans les lois électorales;
- identifier et éliminer les obstacles juridiques spécifiques au contexte de la participation des jeunes, comme faciliter l'enregistrement des organisations dirigées par des jeunes.

Les Organisations de la Société Civile (OSC) et les partis politiques pourraient:

- examiner et discuter du cadre juridique pour la participation des jeunes;
- considerer les propositions pour un cadre juridique des jeunes et faire campagne pour les changements.

Les fournisseurs d'assistance électorale peuvent soutenir un examen juridique en commençant par:
- mener des recherches sur les cadres juridiques qui ont été bénéfiques pour permettre aux jeunes de participer à la vie politique;

- Fournir des conseils techniques au gouvernement;
- Soutenir les processus de dialogue et de consultation des cadres juridiques pour les jeunes.

Période Pré-électorale

La période pré-électorale est cruciale pour encourager et soutenir les jeunes à participer aux élections.
L'engagement civique des jeunes et des partis politiques sont des éléments importants, étant donné que l'éducation à la citoyenneté active est plus efficace si les élèves lisent non seulement sur ce sujet dans les manuels, mais aussi s'ils pratiquent eux-mêmes.

Dirigée par des jeunes les OSC et leurs réseaux peuvent être des moyens importants pour faciliter la participation de nombreuses personnes à la vie politique des pays africains. Selon les facteurs contextuels, elles peuvent avoir un impact positif sur leurs communautés et créer des espaces de participation.

Les Gouvernements doivent rechercher des partenariats avec les OSC, les institutions et les médias éducatifs afin de:

Encourager la participation des jeunes continue et l'éducation civique dans les écoles et les universités.
Exemple: Les initiatives qui utilisent des ressources disponibles dans chaque communauté, tels que les enseignants, les étudiants et les processus de politique publique, pour enseigner des leçons civiques et donner aux jeunes la possibilité de devenir des artisans du changement.

Encourager les programmes de formation pour les nouveaux projets.

Exemple: Les jeunes leader doivent encourager les participants à déployer des formations de compétences sur le leadership dans leurs pays d'origine.

Soutenir les jeunes du développement communautaire et les organisations de volontariat.

Exemple: Les organisation des jeunes bénévoles doivent fournir un soutien aux jeunes dans les quartiers défavorisés.

Fournir un soutien flexible avec l'accès à des projets innovants à petite échelle pour les jeunes.

Exemple: Les fonds d'appui pour les jeunes et un soutien financier pour les projets considérés comme des idées novatrices pour le bien social.

Le pont de la fracture numérique avec les téléphones mobiles, la radio ou la télévision.

Exemple: Le soutient aux équipes des médias sur les sujets ou les questions d'actualité ou demander aux auditeurs de contribuer gratuitement aux discussions via des messages texte. La discussion devrait être également accessible en ligne.

Utilisation des plates-formes en ligne pour le partage des connaissances ou le réseautage entre les jeunes engagés politiquement.

Exemple: Les médias sociaux, les blogs et les autres outils en ligne (Facebook, Twitter…) peuvent donner aux jeunes citoyens une voix pour l'activisme politique et des canaux ouverts pour la rétroaction directe entre fonctionnaires gouvernementaux et jeunes.

Dans de nombreux pays, la relation entre les jeunes et les partis politiques est tendue au point qu'elle à briser un cycle de scepticisme et de méfiance mais les jeunes peuvent aujourd'hui acquérir les compétences et la motivation pour interagir avec les partis politiques. En même temps, les partis politiques pourraient être encouragés à créer des espaces personnels pour éliminer les obstacles à la participation des jeunes.

Dans certains contextes, la jeunesse des partis politiques a joué un rôle central, en fournissant une base pour les nouveaux membres afin d'atteindre plus électeurs.

Les Gouvernements doivent travailler avec les partis politiques dans la phase pré-électorale afin de:
Encourager les mesures d'action positive telles que les jeunes et les femmes au sein des partis politiques.
Soutenir le développement de la jeunesse au sein des partis politiques.
Assurer le renforcement des capacités pour les jeunes membres des partis politiques dans un cadre multi-partisane.
Assurer la formation et les besoins de mentorat des jeunes femmes séparément.

Période électoral

À travers toute l'Afrique, les jeunes ont tendance à participer aux élections de moins que les citoyens plus âgés (adultes). Plus de jeunes aux urnes exige des mesures spécifiques et un environnement global pour permettre aux jeunes gens de participer à la vie civique.

Dans le cadre d'une stratégie de cycle électoral, il est important d'impliquer les jeunes dans le processus électoral immédiat afin qu'ils participent activement à la vie démocratique de leur pays.

Ainsi, il est important que les Gouvernements mettent un accent pour:

Assurer la participation des jeunes dans toutes les phases des campagnes pour l'éducation des électeurs.

Exemple: les cours de campagne multimédia d'éducation civique basée sur une grande enquête sur la participation civique des jeunes. Les représentants des jeunes seront dans la gestion et la mise en œuvre de la campagne.

Un guide des bonnes pratiques

Mettre en œuvre des méthodes et des stratégies de divertissement multimédia pour attirer l'attention des jeunes.
Inclure les jeunes dans les conseils consultatifs du corps de gestion électorale, comme les travailleurs de bureau de vote et comme observateurs électoraux.

Le thème de la jeunesse est l'un des thèmes prioritaires dans le processus de sélection. Au total, des projets sélectionnés seront non seulement axés sur les jeunes, mais également gérés par les organisations de jeunesse.

Développer des outils interactifs en ligne pour rejoindre les jeunes électeurs alphabétisés en informatiques.

Exemple: Les demandes de conseil de vote en ligne pour informer les citoyens sur les politiques et les aider à identifier ceux qui correspondent le mieux à leurs propres préférences.

Période post-électorale

Après clôture du scrutin, les jeunes citoyens doivent être en mesure de tenir leurs représentants élus responsables.

Les moments de communication et de plaidoyer devraient être ouverts à tous les citoyens, y compris les jeunes.

Les Gouvernement peuvent encourager et orienter les OSC à faire entendre la voix des jeunes dans les Parlements.

Exemple: Poser des questions pour accéder à des informations sur le comportement des électeurs.

Faciliter la formation des conseils dans les parlements nationaux pour la jeunesse et dirigés par des jeunes.

Inviter les groupes de jeunes à visiter les Parlements nationaux.

Exemple: Encourrager les étudiants à assister aux débats du Parlement ou de discuter avec les législateurs.

Initier des programmes de stage pour les étudiants dans les parlements.
Former et soutenir les jeunes membres du parlement.
Initier et appuyer les conseils de la jeunesse au niveau local.

Stratégies possibles à envisager

Les OSC et les partis politiques

- Examiner et analyser le cadre juridique et la participation des jeunes;
- Pensez à téléphoner pour un convivial;
- Campagne et faire pression pour proposer des solutions;
- Mener des recherches sur le cadre juridique;
- Fournir des conseils techniques aux gouvernements;

- Dialogues de concertation et soutien aux processus juridique;

Les Gouvernements et les Parlements Nationaux

Aligner l'âge minimum de vote à l'âge minimum de l'éligibilité dans les bureaux.

- Envisager l'introduction des jeunes et des femmes dans les lois électorales.

La Période pré-électorale

- Encourager les jeunes à participer civiquement dans les écoles et les universités;
- Concevoir une formation pour les nouveaux projets de soutien dirigés par des jeunes;
- Fournir un soutien souple à grande échelle pour les projets des jeunes;
- Combler le numérique, partager avec les téléphones mobiles et la radio…

- Utilisez en ligne (internet) et les plates formes disponibles.

LES GOUVERNEMENTS ET LES PARTIS POLITIQUES

- Encourager l'action positive des mesures afin que les jeunes soutiennent le développement des parti politiques dans le but de développer les capacités des jeunes membres dans un paramètre multi-partisane.

LA PÉRIODE ÉLECTORALE

- Assurer la participation des jeunes dans toutes les phases de l'électorat des campagnes;
- Utiliser des méthodes ludiques et des stratégies multimédia pour attirer l'attention de la jeunesse;
- Inclure les jeunes dans les conseils consultatifs comme travailleurs de bureau de vote et observateurs électoraux;
- Développer des outils en ligne pour tendre la main aux jeunes électeurs;

Travailler ensemble afin que la voix des jeunes soit entendus dans les Parlements et par les Gouvernements;

- Initier les stage pour étudiants dans les parlements pour former et soutenir les jeunes membres du parlement;
- Initier et soutenir le Conseil National de la Jeunesse (CNJ) au niveau local.

Période post-électorale

Renforcer la participation politique de la jeunesse tout au long du cycle électoral

Même si les personnes de moins de 25 ans représentent plus de la moitié de la population dans de nombreux pays en développement, les jeunes participent moins que les personnes âgées à la vie politique la plus formelle, tels que les élections.

Ce challenge est la représentativité des systèmes politiques et conduit à la pente franchissante des jeunes citoyens.

Ainsi, il est important de renforcer les stéréotypes qui traitent les jeunes comme désintéressés aux questions politiques, comme sociale ou comme des fauteurs de troubles.

Les débats sur la jeunesse et sa participation en politique doivent donc être centrées principalement sur les jeunes qui sont dans le besoin de voter et empêcher les groupes de jeunes de recourir à la violence politique.

En Janvier 2011, le paisible et puissant
soulèvements politique dans le monde arabe
(le printemps arabe) a réuni les jeunes sur la
scène mondiale comme des acteurs
important avec le droit et les capacités d'être
aussi inclus en politique.

Les attentes sont élevées afin que l'inclusion
des jeunes dans les processus politiques
augmente. La grande frustration est probable
de se poser la question si cela n'arrive pas,
avec un potentiel, avec un effet
déstabilisateur de la démocratie actuelle.

Bien que les Gouvernements proposent
diverses mesures visant à la création
d'emplois, l'inclusion sociale et le bénévolat
des jeunes, cependant est importante.
Cette omission reflète plus généralement les
lacunes dont les connaissances et les
pratiques favorisent la participation politique
de la jeunesse.

En Janvier 2012, le Secrétaire général des
Nations Unies, Ban Kin Moon, avait
présenté son programme d'action

quinquennal pour son deuxième et dernier mandat.

Le programme d'action a aménagé cinq impératifs pour les générations, y compris l'engagement de la jeunesse dans le domaine social, économique et du développement politique, plus précisément à l'adresse des besoins de la plus grande génération de jeunes dans le monde qui n'a jamais connue l'approfondissement des programmes existants sur l'emploi, l'esprit d'entreprise, l'inclusion politique, la citoyenneté et la protection des droits et de l'éducation et la reproduction en santé.

Concepts et lignes directrices clés

Quelques concepts clés sont élaborés ici:

L'élection est la désignation, par le vote d'électeurs, de représentants (une personne, un groupe, un parti ou une option) destinés à les représenter ou occuper une fonction en leur nom. La population concernée transfère par le vote de sa majorité à des représentants ou mandants choisis, la légitimité requise pour exercer le pouvoir attribué (fonction censée être par ailleurs définie et orientée par le biais d'un contrat politique).

Dans le cadre des régimes et institutions politiques, l'élection à l'époque contemporaine est revendiquée au moins formellement comme étant le mode le plus légitime d'accession au pouvoir.

Le Cycle électoral: l'assistance électorale des Gouvernements sont des activités fondées sur l'approche du cycle électoral, qui comprend les périodes avant, pendant et après une élection.

Cette approche souligne l'importance des activités à long terme qui visent au développement des capacités favorables pour les jeunes.

Les étapes du cycle électoral:

D'ordinaire, dans les démocraties modernes, le processus électoral comprend un certain nombre de phases dont notamment:

La phase pré-électorale: le recensement et le découpage électoral; le dépôt des candidatures en vue de l'élection; la campagne électorale;

La phase électorale: les opérations et le déroulement du vote; le dépouillement du vote dans chaque bureau de vote;

La phase post-électorale: la centralisation des dépouillements des Bureaux de vote, la validation des données collectées et la proclamation des résultats.

Installation de l'organisme de gestion des élections

L'installation de l'organisme de gestion des élections est une étape très importante vers l'organisation des élections dans le pays où les autorités ne peuvent pas organiser les élections.

La plupart des pays qui sortent d'un conflit ont des organes de gestion des élections sous forme d'une commission électorale indépendante (CEI).

Élaboration du cadre juridique des élections

Le cadre juridique comprend habituellement quatre niveaux, à savoir: la constitution, les lois applicables, des règlements et des codes d'éthique.

Ce cadre comprend en particulier les règles qui définissent les paramètres majeurs que sont l'établissement du découpage électoral et celui des listes électorales.

Qui peut voter?

Il s'agit de déterminer la source de la compétence et/ou de la représentativité des votants. Face à une pluralité de choix possibles, deux questions surgissent:
Qui est compétent pour participer à la décision?

Positivement, la compétence à participer peut découler d'un droit général et imprescriptible, ou résulter d'une compétence d'attribution ou résulter d'une compétence de délégation.

Négativement, l'incompétence à participer peut résulter de l'état ou de la qualité d'une personne, en application d'un règlement ou d'un usage.

Cette question de la compétence détermine directement le droit d'inscription sur les listes électorales.

Quelle représentativité et quel poids accorder à chacun des décideurs reconnus compétents?

La règle la plus courante est: un homme = une voix; Mais des dispositions particulières peuvent prévoir que le nombre de voix détenu par un votant puisse varier et soit déterminé par un critère précis:

Il peut s'agir par exemple des tantièmes détenus, du nombre d'actions détenues.

Un double vote peut être prévu par les statuts pour tenir compte de l'ancienneté ou du statut patrimonial, professionnel, familial ou social.

Comment s'exprime le vote?

Quelles sont les modalités d'expression du suffrage?

Le suffrage peut être fait par tirage au sort, par acclamation, à main levée, par consensus, à bulletin secret, par procuration, etc.

Quelles sont les modalités de détermination des résultats?

Le principe de la règle de la majorité souvent utilisé, peut connaitre diverses qualifications de la majorité: majorité simple, majorité relative, majorité absolue, majorité qualifiée, etc.

Une disposition peut prévoir qu'en cas de partage des voix, la voix du président soit prépondérante:

Pour éviter le blocage, le vote du président est réputé faire basculer la décision.

D'autres méthodes d'organisation des élections existent mais sont peut utilisées:

Scrutin à vote unique transférable, Vote alternatif, Méthode Condorcet, Méthode Borda, Méthode de Coombs, etc.

Quel est l'objetif du vote?

Il s'agit de choisir une personne parmi plusieurs: Modalités de candidature, campagne électorale.

Inscription des électeurs, des candidats et des partis politiques

L'inscription des électeurs consiste à recenser tous les citoyens qui ont la qualité d'électeur, afin de dresser les listes électorales qui seront utilisées dans les bureaux de vote, le jour du scrutin.

La deuxième grande étape du processus électoral est celle de l'inscription des candidats.

Cette étape est le plus souvent réglementée, par la loi électorale, qui fixe les obligatoires nécessaires pour devenir candidats, la durée des élections, etc.

Financement des partis politiques

Le financement des partis politiques est le financement octroyé par l'État ou l'électorat pour soutenir la campagne électorale des partis politiques.

Il peut permettre de mettre les candidats et les partis politiques sur un même pied d'égalité.

Son utilisation est le plus souvent soumis aux règles de la comptabilité publique et chaque candidat ou parti politique doit en justifier l'utilisation.

Campagne d'éducation civique et électorale

Les campagnes d'éducations civiques et électorales se définissent comme un ensemble d'activités éducatives, de sensibilisation et d'information pour le processus électoral.

Elle s'adresse à tous les électeurs sur toute l'étendue du territoire national.

Elle vise à motiver, à préparer l'électorat d'aller voter et à faire valoir sa voix de façon éclairée.

Campagne électorale

La campagne électorale est l'opération par laquelle les différents candidats présentent leurs programmes d'action afin de recueillir le plus grand nombre de voix et remporter éventuellement le scrutin.

La campagne électorale s'effectue principalement dans les médias.

Compte tenu de l'importance de l'impact des moyens audio-visuels sur l'électorat, la question d'une répartition équilibrée du temps de parole au profit de chaque candidat est souvent posée.

Compte tenu du fait de l'inégalité potentielle des candidats en matière financière, certains pays exigent que des comptes de campagne soient tenus et présentés à une autorité indépendante.

Par ailleurs le montant de ces budgets peut être limité.

Certains pays prévoient également l'octroi d'une dotation publique aux candidats selon des règles variables (dotation fixe ou variable ou semi-variable en fonction des résultats obtenus par chaque candidat).

Phase électorale

La phase électorale soit la période durant laquelle se déroule le scrutin à savoir: l'exercice des prérogatives accordées à l'observation partisane et non partisane, l'exercice du droit de vote proprement dit, le dépouillement et l'affichage des premiers résultats dans les bureaux de vote.

Phase post-électorale

La phase post-électorale phase qui comprend la centralisation des résultats et la validation des données collectées, le contentieux électoral (résolution des différends électoraux), l'annonce des résultats provisoires par l'organe de gestion

des élections et la publication officielle des
résultats.

Publication officielle des résultats

C'est avec la publication des résultats, que se
termine le processus électoral proprement
dit.

Bien que peu de lois électorales les y
obligent, les autorités électorales ont un
avantage à publier un rapport complet de
l'évènement électoral.

Ce rapport comprend les détails des résultats
obtenus par les candidats dans tous les
bureaux de vote, ainsi que le taux de vote de
participation exacte dans chaque section de
vote.

Jeunesse Politicienne

Toutefois, à l'étude de pratiques des jeunes,
la plupart des entités des Nations Unies, y
compris le grand ensemble, définissent la

jeunesse comme le segment de la population entre 15 et 25 ans. Une definition adoptée par notre politique.

Le terme « Jeunesse Politicienne », utilisés de manière interchangeable désigne les hommes et les femmes qui participent à la vie politique mais l'exclusion est liée à l'âge atteint généralement au-delà de 25 ans.

En Afrique, l'admissibilité au parlement national commence en moyenne à 25 ans ou plus élevés. C'est une pratique courante pour désigner les politiciens comme « jeune » si elles sont inférieures de 35 à 40 ans.

De nombreuses organisations non gouvernementales (ONG) sur le plan international et les organisations actives dans le domaine de la gouvernance démocratique définissent le jeune comme tous les individus entre 18 et 35ans.

Depuis, nos politiques visent à identifier les bonnes pratiques qui améliorent la participation politique de l'ensemble des jeunes. Elles comprennent ceux qui sont pertinents pour cibler le groupe d'âge de 25 à 35 ans ainsi que les plus jeunes.

Aujourd'hui les jeunes constituent environ un cinquième de la population mondiale et dont la majorité des peuples habitent les pays en développement.

Ce phénomène démographique est considéré comme une explosion de la jeunesse. Beaucoup de membres de cette génération ont des défis à durée limitée tels que: l'accès aux ressources, à l'éducation, la formation, l'emploi et les possibilités de développement économique plus large.

Compte tenu du grand nombre de jeunes, toute tentative pour les identifier avec pertinence à l'échelle mondiale et sur des questions politiques doit être traitée avec prudence.

Beaucoup, sinon la plupart des jeunes dans le Sud de la planète sont tous natifs de la technologie. Mais au sud du Sahara, en Asie méridionale et en Europe, plus de 22% des jeunes ne sont même pas capable de lire et d'écrire avec des lacunes d'alphabétisation (urbaines et rurales) qui restent notables.

Renforcer la participation politique de la jeunesse à travers le cycle electoral, même dans un contexte culturel, exige des pratiques qui peuvent différer sensiblement.

Dans une génération, plusieurs facteurs peuvent influencer la capacité d'un jeune à la participation politique: l'âge, la situation économique, l'alphabétisation, le sexe, le lieu, la religion, le statut social, la perception des valeurs de la participation politique, les opinions politiques et le handicap ou les besoins spéciaux.

Comme chez les adultes, les motivations pour la participation politique peuvent différer d'une personne à l'autre.

Certaines peuvent être entraînés par une question ou une idéologie particulière.

D'autres peuvent agir par idéalisme ou par sentiment de protestation dont quelquefois devient une fin en soi.

La participation peut être une activité sociale qui fournira de nouvelles compétences ou offrira des connexions pour le travail.

LA JEUNESSE ET SA PARTICIPATION EN POLITIQUE

Quelques points clés:

Le fort engagement des Gouvernements pour favoriser la participation politique des jeunes en Afrique se base sur plusieurs conventions internationales et déclarations, y compris la Déclaration universelle des droits de l'Homme (DUDH), le Programme d'action mondial pour la jeunesse (PAMJ) et la Convention internationale des Droits de l'Enfant (CIDE).

Ce livre met l'accent à plusieurs reprises, sur le droit des jeunes personnes à participer aux processus politiques. Ce livre fournit un cadre de référence solide pour un respect des droits des jeunes.

Les possibilités pour les jeunes de participer à la vie de nos pays est un processus dépendant largement du contexte culturel mais aussi d'un environnement démocratique, peut être plus favorable à la participation en général.

Il existe des preuves solides qui peuvent démontrer que la participation des jeunes dans le secteur politique est relativement faible par rapport aux personnes âgées à travers le monde.

Le vote, l'un des plus importants moyens formels pour la participation politique, est clairement un exemple, selon les données sur le taux de participation dans divers pays.

Les facteurs à garder à l'esprit dans la fourniture de l'assistance électorale liées à la jeunesse

La jeunesse ne doit pas être considéré comme un bloc homogène. Identifier un groupe cible pour lesquels une intervention pourrait être plus approprié, et s'appuyer sur la reconnaissance que les motivations politiques et l'engagement sont différentes.

Comprendre les jeunes dans le cadre de la solution aux difficultés qu'ils rencontrent, n'est pas un problème qui doit être résolue par les autres.

En effet, l'ONU a toujours reconnu que les jeunes sont une ressource humaine importante pour le développement et des agents clés pour le développement social afin de changer la croissance économique et l'innovation technologique.

Notre stratégie est une réponse à un changement transformateur, défendue par les jeunes en Afrique comme une force positive de changement et de transformation.

Notre travail suggère que les jeunes électeurs ont tendance à moins participer aux sondages comparés aux citoyens plus âgés. Les preuves de faits similaires sont disponibles pour les postes des membres et de leadership dans les partis politiques et les parlements.

Les mécanismes de gouvernance, tels que le leadership tribal, est généralement fondé sur l'ancienneté ou sur la ligné et n'ont pas tendance à encourager la participation des jeunes.

Une autre preuve suggère que les jeunes sont plus enclins à participer aux processus politiques informels: l'activisme, les protestations et les campagnes sont communs et conduisent à des mouvements de réforme.

Dans le monde actuel et à travers l'histoire, il y a de nombreux exemples de puissants mouvements de protestation menés par des jeunes. Les jeunes ont également tendance à s'impliquer dans la vie civique telles que le bénévolat pour une cause sociale.

Beaucoup des jeunes sont plus enclins à se joindre ou d'adhérer à un parti politique.

Tout engagement formel ou informel peut être compris comme une participation politique du jeune. Les deux peuvent être bénéfique pour une démocratie vivante ou résiliente.

Dans certains cas, il peut être important d'aider à combler les lacunes entre les deux. Pourquoi est-il important de favoriser la participation des jeunes en politique?

La participation est un droit démocratique fondamental et devrait être une fin en soi pour éliminer l'existante des obstacles à la participation politique des jeunes.

Des perspectives sont plus purement pragmatiques, si les jeunes veulent avoir la perception que les processus politiques officiels ne sont pas accessibles ou attrayant pour eux. Ce qui peut façonner leurs attitudes pour une durée de vie avec une longue durée des impacts négatifs sur la vie politique d'un pays.

Il s'est trouvé que dans une nouvelle et émergente démocraties, l'inclusion des jeunes dans les processus politiques formelles est importante dès le début à travers leurs contributions actives, avec des valeurs démocratiques, ouvrant la voie pour surmonter les pratiques autoritaires.

Dans les pays où les manifestations organisées des jeunes ont forcé les régimes autoritaires en puissance, la frustration importante est susceptible de se reproduire si

les jeunes ne sont pas inclus dans les
nouvelles procédures de prise de décision
formelle et cela pourrait avoir un effet
déstabilisateur sur la démocratie.

En effet, tous les hommes et les femmes
devraient avoir une voix dans la prise de
décision, soit directement ou par
l'intermédiaire d'institutions légitimes qui
représentent leurs intérêts.

Une telle large participation est fondée sur la
liberté d'association et d'expression ainsi que
sur les capacités à participer de manière
constructive.

Ce qui caractérise efficacement ou
significativement la participation politique
des jeunes est l'attention particulière qui
devrait être accordée à la différenciation
entre la participation politique significative
des jeunes et les activités purement
symbolique.

Beaucoup d'activités prétendent favoriser la
participation des jeunes mais ne donnent pas
efficacement les jeunes une voix influente
dans la prise de decision lorsque les jeunes
n'ont vraiment pas de choix quant à la façon

dont ils participent car les participants manquent de connaissances et de capacités et sont rarement mandatés par leurs pairs.

La participation politique efficace ou significative des jeunes a trois attributs.

Tout d'abord, elle peut être consultative lorsque les voix des jeunes sont entendues dans le processus de consultation affecté où ils ont des capacités, un mandat et l'information pour exercer pleinement leurs rôles mais aussi à travers un plaidoyer.

Deuxièmement, cette participation devrait être entraîner et diriger par la jeunesse avec un effet direct sur l'impact de la prise de décision au sein de leur propre communautés, comme à travers les ONG dirigées par des jeunes, les conseils d'étudiants, les parlements de jeunes avec des compétences et des budgets, etc…

Troisièmement, elle peut impliquer la participation et la collaboration lorsque les jeunes peuvent participer efficacement à la prise de décision politique y compris en tant qu'électeurs ou en tant que membres du parlement, de partis politiques ou de groupes de défense.

Les activités pour encourager significativement ou efficacement les jeunes à la participation devraient:

Encadrer les projecteurs pendant les périodes de transition, les institutions politiques et les pratiques de gouvernance établies qui peuvent changer sensiblement.

Cela fournit une fenêtre d'opportunités pour renforcer la participation politique des jeunes.

Soutenir les nouveaux partenaires sans conditions:

Si les restrictions sur la société civile facilitent une nouvelle dynamique, les jeunes peuvent être désireux de participer, mais pourront ne pas appartenir à une organisation formelle, comme ce fut le cas en Egypte et en Libye en 2011.

Dans ce contexte, il est particulièrement important d'apporter un soutien flexible avec de faibles obstacles à l'accès.

Des laboratoires d'innovation et les centres de ressources peuvent fournir aux jeunes un espace de projet et l'accès aux ressources techniques et financières

Aider à atténuer les conflits entre les jeunes et les partis politiques:

Les forums de la jeunesse et les cours de formation peuvent promouvoir un dialogue pacifique. Cependant, ce type d'initiative exige des évaluations des risques et des solides stratégies d'atténuation des conflits.

Renforcer la participation des jeunes pendant les élections:

Les premières élections libres et équitables après la chute d'un régime sont une étape importante. Effectivement, des nouveaux cadres juridiques seront mis en place comme un plaidoyer approprié qui peut faire avancer les dispositions pour la participation des jeunes. C'est dans ce que les campagnes éducatives des électeurs pouront sensibiliser la jeunesse.

Établir des mécanismes de reddition de comptes:

Développer des mécanismes de reddition des comptes fait partie de l'intégration des pratiques démocratiques, en particulier lorsque les Gouvernements n'ont pas déjà répondu aux initiatives de la jeunesse citoyenne.

La transparence:

La jeunesse doit être informé sur les objectifs, la portée et les procédures du processus afin qu'elle participe.

Une relation fondée sur le respect, la confiance, la fidélité, le partage et la complicité:

La jeunesse devrait être approché comme des agents actifs qui ont des droits de participer et d'être entendu.

La responsabilité:

Alors que la participation n'est pas un événement ponctuel, des mécanismes doivent être mis en place pour assurer le suivi, la mise en œuvre des décisions et la responsabilité envers les mouvements de jeunes.

Jeunesse amicale et pertinente: Les activités qui visent à renforcer la participation des jeunes doivent être politiques.

Les jeunes eux- mêmes peuvent décider de leurs priorités, des méthodes et des tactiques.

Les méthodes de l'environnement de travail peuvent être adaptés aux participants selon les besoins.

L'Inclusion: Les méthodes appropriées peuvent être appliquées afin de donner aux groupes marginalisés des jeunes, comme les jeunes femmes, les minorités, les jeunes analphabètes, ruraux et les jeunes ayant des besoins spéciaux, les chances égales de participer.

Le développement des capacités peut être une partie intégrante de toute la stratégie de participation significative.

L'approche du développement des capacités reflète un point de vue qui réside au niveau des organismes et à l'intérieur d'un environnement favorable car ces deux niveaux forment un système intégré.

ENVIRONNEMENT FAVORABLE

Qu'est ce qui empêche significativement ou efficacement les jeunes de participer à la vie politique des pays africains?

Des obstacles importants à la participation politique des jeunes peuvent se produire à trois niveaux de capacité:

Au niveau de l'individu les obstacles comprennent le manque de compétences techniques, la motivation, l'âge, les ressources économiques, la sensibilisation et la connaissance.

Sur le plan organisationnel, les groupes dirigés par des jeunes font souvent face à des obstacles au développement économique et d'autres ressources qui ont limité l'organisation et le savoir-faire.

Entre les organisations politiques officielles, tels que les partis et les parlements, les mécanismes, les règles et les procédures ne favorisent pas l'inclusion des jeunes. En effet, les jeunes ne sont pas pris en compte pour des postes de direction.

Ces organismes peuvent manquer de processus où les jeunes ont une affinité et utilisent les technologies et les languages qui sont rebutant.

Sur le plan environnemental, les contraintes structurelles peuvent inclure un âge élevé de l'admissibilité des candidats pour les élections ainsi que les normes culturelles ou sociales qui empêchent les jeunes de participer.

La solution pour inclure les jeunes dans les processus politiques ne se base sur les capacités individuelles.

L'environnement socio-politique, les organisations et les jeunes ont tous à changer leurs méthodes afin de se rapprocher et de travailler ensemble.

Les bonnes pratiques et les stratégies décrites dans ce livre peuvent être appliqués à cette fin.

EN RÉSUMÉ

Les stratégies pour améliorer efficacement la participation politique de la jeunesse

Se fonder sur une approche basée sur les droits à la participation politique de la jeunesse afin d'éviter purement et symboliquement les activités pseudo-participative.

Les composantes directes de consultation, dirigé par des jeunes et/ou par la participation collaborative sont des points qui mettent l'accent sur l'apprentissage de la pratique politique en Afrique mais aussi qui répondent aux normes minimales pour les jeunes responsables, adaptés et volontaires.

Inclure le développement des capacités de l'individu et le niveau d'organisation permet de changer les préférences d'une manière réciproque par exemple avec la réforme des paramètres structurels.

Le développement des capacités est fondé sur une compréhension précise de l'état actuel de la jeunesse dans un contexte donné avec une indice bien développé.

Selon Chima Austin Okebugwu (17 ans), étudiant de la République fédérale du Nigeria que j'ai rencontré aux États-Unis, "il y a encore beaucoup des problèmes pour les jeunes militants en Afrique, parce que beaucoup de personnes âgées ne croient toujours pas que les jeunes sont important, sérieux et compétent. Le changement est donc important''.

Ce livre permet de renforcer la participation politique de la jeunesse à travers le cycle electoral.
Ce livre présente une bonne pratique qui peut être adapté pour aider et stimuler la

participation politique des jeunes tout au long du cycle électoral en Afrique.

Ce livre met l'accent sur les interventions stratégiques pendant la période pré-électorale et post-électorale qui construisent une forte fondation pour renforcer la participation de la jeunesse dans la phase électorale.

Il est aussi important d'établir de solides fondations pour la participation électorale en Afrique afin de renforcer la participation politique de la jeunesse au long du cycle electoral.

Le Cadre de la Période Pré-Électoral et Post-Électoral

Cadre juridique pour la participation politique de la jeunesse

LES PRINCIPAUX ENJEUX

Les cadres juridiques conviviaux pour les jeunes en Afrique sont des composantes importantes qui permettent la participation de la jeunesse en politique.

Ils reflètent les normes et les valeurs culturelles en déterminant structurellement les règles et les conditions de l'engagement.

Parmi les éléments les plus importants se trouve l'âge minimum pour voter et se présenter aux élections.

Cette section donne un aperçu sur les limites de l'âge actuel à travers l'Afrique, ainsi que les réformes entreprises par les pays pour abaisser l'âge de vote.

Dans la plupart des pays africains, l'âge de voter est de 18 ans au niveau national.

Les quelques pays suivants ont une difference sur l'âge minimum: 20 ans pour le Cameroun, 21 ou 18 ans pour la Côte d'Ivoire et 18 ans au Gabon.

Dans plusieurs pays africains, dont le Congo-Brazzaville, les gouvernements ont réduit l'âge de voter aux élections législatives à 18 ans.

Dans un tiers des pays, l'éligibilité nationale au Parlement commence à 25 ans ou plus élevés.

Globalement, l'admissibilité moyenne pour pour le législateur est de 18 ans.
En effet, les parlements africains devraient idéalement être en mesure d'intégrer tous les groupes d'âges de la société.

Le risque d'un âge d'admissibilité élevé sur les défis et les perspectives de développement représente une partie importante de la population.

Cela devient pertinent non seulement pour la participation politique de la jeunesse, mais aussi pour la qualité de représentant au Parlement, en particulier dans les pays où les jeunes sont en grand nombre.

LES BONNES PRATIQUES

Pour la jeunesse africaine, les bonnes pratiques suivantes impliquent les gouvernements et les parlements afin que les acteurs deviennent capables de passer en revue tous les cadres politiques.

Envisager d'aligner l'âge minimum de vote avec l'âge minimum d'éligibilité aux élections:

Servir dans l'armée, fonder une famille et rejoindre la fonction publique en tant que tel, est un argument fort pour prouver que les jeunes devraient avoir le droit de choisir leurs dirigeants pendant les élections.

Ce livre recommande que les constitutions des pays africains alignent l'âge minimum de vote à l'âge minimum d'éligibilité afin de faire fonctionner les bureaux de vote dans le but d'assurer une plus grande participation des jeunes au sein des parlements.

Envisager l'introduction des quotas pour les jeunes dans la loi électorale:

Cette mesure est une action positive qui devrait jouer un rôle dans l'amélioration de la représentation politique des femmes en Afrique.

Avec une attention particulière sur le système électoral et les autres facteurs contextuels, les quotas pour les jeunes dans les parlements peuvent être un moyen d'accroître la représentation des jeunes en politique.

En outre, ce livre peut être considéré comme un guide important pour promouvoir l'introduction des quotas dans le but d'améliorer la représentation des jeunes et des femmes en politique.

Des exemples de quotas pour les jeunes dans la loi électorale se trouvent déjà dans les pays suivants: en Ouganda, avec cinq sièges au Parlement qui sont réservés aux représentants de la jeunesse; à l'Assemblée nationale du Kenya, 12 sièges sont réservé aux représentants des jeunes y compris les personnes handicapées et les travailleurs; Au Rwanda, le Conseil national des jeunes élit deux membres de la chambre des députés.

L'ADMISSIBILITÉ AU SÉNAT

En Egypte, les âges de vote de la chambre haute ne sont pas affichés, car les données ne sont pas disponibles pour de nombreux pays en raison de franchise indirecte.

Au Maroc, la nouvelle loi électorale comprend 30 sièges réservé aux candidats de moins de 40 ans.

Lors des dernières élections de la Tunisie, chaque liste des partis politique devait inclure un candidat de moins de 30 ans.

Les quotas pour les jeunes au niveau sous-national peuvent ainsi être trouvés dans plusieurs pays.

Identifier et éliminer les obstacles juridiques spécifiques selon le contexte de la participation des jeunes en politique:

En dehors des conditions d'âge, d'autres obstacles pourraient être liés au cadre juridique dans de nombreux pays, où les candidats doivent financer une grande partie de leurs campagnes, donnant à ceux qui ont plus de richesse un avantage significatif.

Pour les jeunes candidats, c'est souvent un défi de mobiliser suffisamment de fonds car les interventions possibles comprennent un plafond strict sur le financement de la campagne ainsi que les exigences pour la contribution de l'état. Il y a des preuves solides que ces types d'élections ont un impact sur la représentation des jeunes et des femmes au Parlement.

Les femmes peuvent avoir une chance d'être
placé sur une liste d'un parti politique dans
le cadre d'une équipe de candidats en vertu
d'un système proportionnel au lieu d'être
désigné comme des candidats individuels
d'une majorité.

Un système de scrutin proportionnel peut
aussi être plus favorable à la participation
politique depuis que les jeunes sont
confrontés aux mêmes normes patriarcales
que les femmes.

Ces politiques considèrent des hommes plus
âgés et mieux adaptés que les jeunes et les
femmes.

Dans un système majoritaire où les partis
politiques sont soupçonnés d'une prévalence
de ces normes dans la société, ils pourraient
être plus enclins à désigner les jeunes parce
qu'ils attendent à ce qu'ils aient une plus
grande chance de gagner dans toutes les
circonscriptions.

Avec cette proportion, les partis politiques
pourraient être plus ouvert de nommer une

équipe représentative comprenant les femmes
et les jeunes qui pourraient attirer des voix supplémentaires de différents groupes démographiques sans tourner les électeurs conservateurs de si loin.

Pour les partis politiques africains, la société civile milite pour l'abaissement des âges de vote et l'admissibilité qui ont été couronnés de succès.

C'est dans cette perspective qu'en Egypte, l'âge d'admissibilité pour les élections législatives avait chuté de 30 à 25 ans.

Plusieurs universitaires et militants en Afrique croient que l'abaissement de l'âge de vote à 16 ans pourrait aider à l'explosion de la jeunesse en politique.

Les partis politiques pourraient contribuer dans un cadre juridique propice pour examiner et discuter le système actuel sur des termes favorables à la participation des jeunes.

Ce livre souhaiterait alimenter les propositions qui visent à rendre le cadre des jeunes plus convivial.

Le plaidoyer pourrait alors pousser à des propositions qui seront officiellement adopté par les Gouvernements Africains.

Au Congo-Brazzaville, le référendum constitutionnel du 25 octobre 2015 a mobilisé plus de 1.000.000 de congolais avec une coalition des organisations de la jeunesse et des conseils locaux de jeunes pour abaisser l'âge d'admissibilité à partir 18 ans pour les membres du Parlement et 30 ans pour les élections présidentielles.

Pour la jeunesse congolaise et d'autres fournisseurs d'assistance électorale, il est important de soutenir cette constitution, y compris en procédant à des recherches, en fournirssant des conseils techniques nationals au gouvernement et en soutenant les dialogues nationaux et les processus de consultation.

Renforcer la participation politique de la jeunesse à travers le cycle electoral est cruciale pour encourager et soutenir les jeunes à participer politiquement au développement des pays africains car l'engagement civique de la jeunesse est un élément important.

Les Principaux enjeux: l'engagement civique

Une jeune personne qui a connu les mérites des processus démocratiques peut-être plus enclins à devenir un citoyen actif avec des opportunités de participer à la prise de décision partagée et à l'écoute des opinions différentes.

En effet, les compétences individuelles aident à bâtir l'engagement de la société civile et des jeunes dans le processus démocratique.

LES BONNES PRATIQUES

Les strategies éducatives suivantes peuvent être utiles pour la collaboration entre la jeunesse et les Gouvernements en Afrique avec l'assistance des médias.

Encourager l'éducation civique continue des jeunes dans les écoles et les universités:

L'éducation civique et son application dans les institutions éducatives formelles est essentiel à la participation politique des jeunes.

En effet, l'institutionnalisation de la participation des jeunes dans ces milieu et les pratiques que les jeunes éprouvent régulièrement sont essentielles pour la formation des jeunes.

Beaucoup des citoyens politiquement actifs à travers le monde ont commencé leurs engagements politique et civique en tant que militants et dirigeants dans les syndicats d'étudiants, par exemple.

C'est dans cette perspective que les écoles et plus précisément l'éducation civique ou éducation à la citoyenneté, sont à la fois contenu dans la pédagogie comme étant la cause significative d'une solution pour les connaissances et les compétences politiques des jeunes.

Notamment, l'éducation à la citoyenneté est un sujet obligatoire dans le système éducatif formel.

Surtout les processus de transformation de la vie politique et les changements dans les programmes scolaires sont des points d'entrée important pour la participation de la jeunesse à la gouvernance.

Dans la plupart des pays, l'éducation civique fait partie des programmes du système éducatif sous une forme ou une autre.

L'éducation à la citoyenneté active est plus efficace non pas seulement si les élèves lisent l'engagement civique dans les manuels scolaires, mais surtout s'ils ont une chance de la pratiquer par eux-mêmes.

L'éducation à la citoyenneté active appelle à une pédagogie qui favorise la pensée critique dans les relations entre les élèves et les enseignants.

Il existe diverses approches sur la participation des étudiants dans les établissements scolaires.

La plus grande portée est de donner aux étudiants le droit de participer au processus décisionnel dans leurs écoles secondaires et les universités dans le but de consulter les conseils d'élèves dans leur prise de décision.

Construire des sites internet qui offrent des informations sur la façon de créer et gérer des conseils d'écoles, donnent aux enfants des droits d'envergure à participer directement dans les affaires scolaires et offrent des leçons sur la participation civique des jeunes dans le but de devenir des artisans du changement.

Les programmes de formation pour la conception de nouveaux projets:

La formation est l'une des stratégies les plus couramment utilisés pour faire progresser la participation politique des jeunes en Afrique.

La formation est une grande valeur, mais comme nous l'avons précédemment dit, il ne peut pas apporter un changement durable si elle a lieu dans l'isolement. Alors les interventions doivent se déplacer au-delà du niveau individuel et inclure des activités dans un environnement sociétal, ainsi que des éléments de participation directe.

Les programmes de formation visent généralement à fournir l'éducation civique aux jeunes, en particulier ceux qui ne s'engage pas dans les processus politiques, ou de développer des compétences de leadership chez les jeunes dans une ou plusieurs organisations.

Idéalement, ces programmes sont conçus comme des incubateurs pour de nouvelles activités et projets: ce qui améliore leur pertinence et leur durabilité.

Il existe plusieurs exemples d'activités en éducation civique qui rapprochent les jeunes ensemble pour accroître leur connaissance sur les processus politiques.

Faire participer les jeunes dans les zones rurales à un camp interactif et amusant, où ils apprennent sur les valeurs démocratiques, les compétences en leadership, le travail d'équipe, leur rôle en tant que citoyens et comment défendre le changement dans leur société.

Cette tactique reconnaît avec succès que le développement des capacités pour les jeunes dirigeants dépend largement du travail au sein d'un contexte organisationnel et culturel donné.

Développement communautaire dirigé par des jeunes et les organisations de bénévolat:

Ces groupes sont capables de faire participer les jeunes à la vie civique dans toute l'Afrique avec beaucoup de différentes formes, tailles et structures.

Certaines questions sont spécifiques aux jeunes; d'autres ont une approche plus générale.

Aujourd'hui, la plupart des organisations dirigés par des jeunes sont soutenus par des pairs bénévoles.

Tous les jours, les jeunes bénévoles font d'énormes contributions dans leurs communautés.

Pour la jeunesse africaine, faire du bénévolat dans une organisation dirigée par des jeunes avec des projets communautaires est une première étape pour une carrière civique en politique.

Les projets des volontaires ont typiquement des faibles obstacles à l'accès. Les jeunes peuvent se joindre pour un temps limité: ce qui peut définir leur niveau d'effort et de responsabilité.

Les projets des volontaires sont particulièrement efficaces pour améliorer la participation des jeunes en politique si les citoyens ou citoyennes influencent la prise de décision pour un projet ou une organisation.

Cette politique montre que les jeunes peuvent avoir une position et un impact sur leur communauté, et qu'ils peuvent créer des espaces et des instruments pour leur propre participation.

Les organisations dirigées par les jeunes ont le potentiel de trouver de nouvelles réponses aux problèmes politiques des pays Africains.

Les jeunes peuvent avoir des compétences et des attributs pertinents dans les deux mondes: l'éducation formelle ainsi que le respect dans un contexte local, donnant aux citoyens dans les zones rurales et hurbaines leurs droits et un moyen d'accéder au financement du développement.

Fournir un soutien flexible avec de faibles barrières d'accès à des projets innovants à petite échelle:

Pour les acteurs internationaux, il est souvent un défi de fournir le bon type de soutien aux initiatives et aux organisations des jeunes.

De nombreuses organisations internationals et les donateurs ont une faiblesse commune dans le ciblage des différentes catégories de jeunes: En raison de leurs exigences en matière de comptabilité et de cadre politique.

Les jeunes ne sont pas susceptibles de constituer des organisations formelles parce qu'ils préfèrent des projets à court terme.

En effet, la jeunesse africaine peut recevoir les techniques et les finances pour tout projet qui qui représente une idée innovante pour le bien social afin de découvrir les résultats directs de l'engagement civique.

La jeunesse africaine doit aussi avoir des espaces pour se rencontrer et échanger les idées avec les adultes qui donneront des conseils sur demande, mais ne pourront pas dominer ou diriger les projets des jeunes.

La fracture numérique : les téléphones mobiles, la radio ou la télévision

La situation d'Internet en Afrique est marquée par un important retard de développement, et un accès à un réseau lent. La pénétration en Afrique est encore très en retard.

En 2010, on comptait 86 217 900 utilisateurs d'internet, soit un taux de pénétration de plus de 8 %, ce qui correspond à 4,8 % des utilisateurs dans le monde.

Durant cette période, plusieurs projets ont été avancés, notamment pour connecter par câble de fibre optique l'Algérie et plusieurs pays d'Afrique Centrale.

On apprenait également début juin 2010 que France Télécom avait entrepris la construction d'une ligne océanique de 17 000 kilomètres reliant l'Afrique du Sud nommée ACE.

Malgré cette situation difficile, le déploiement de réseau progresse. En effet, la fracture numérique augmente dans tous les pays africains depuis 2012. Les zones qui n'avaient pas accès à internet sont aujourd'hui sur le nouveau chemin du développement.

Ensuite, la technologie de la téléphonie mobile est une option pour combler les lacunes, au moins partiellement.

Certaines ONG sont impliquées dans la formation des journalistes de téléphone communautaires mobiles avec leur contenu.

Les services de Facebook et Twitter pourraient également être utiles dans le but de donner aux jeunes l'occasion de partager leurs points de vue par messages internet et soutenir les projets de la jeunesse. Chaque jour, la discussion doit également être accessible sur internet.

Utilisez les plateformes en ligne pour le partage de connaissances et la mise en place des réseaux des jeunes politiquement engagés:

Les ordinateur et les téléphones mobiles ont une grande importance pour les jeunes à travers le monde. Les médias sociaux, les

blogs, etc., peuvent donner aux citoyens une
voix, ainsi que des canaux ouverts
directement entre les fonctionnaires du
gouvernement et les jeunes. Comment les
médias sociaux peuvent aider la jeunesse à
devenir politiquement active?

LES ENJEUX DES PARTIS POLITIQUES

Dans de nombreux pays africains, la relation
entre les jeunes et les partis politiques est
tendues.

Beaucoup de jeunes ne font pas confiance
aux partis poliques, tandis que souvent les

dirigeants des partis se plaignent que les jeunes ne sont pas disposés à s'impliquer.

En tant que les principaux gardiens des candidats qui participent aux élections dans de nombreux pays, les partis de façon significative influencent les programmes politiques et la prise de décision.

En tant que des institutions intermédiaires, ils lient l'Etat à la société civile et traduisent les préférences politiques des citoyens dans l'action des Gouvernements.

Les individus avec des ambitions politiques sont susceptibles de rechercher des positions de leadership au sein des partis politiques.
La plupart sont des hommes en âge moyen.

L'exclusion persistante des jeunes africains s'explique à travers différents facteurs: le recrutement, les mécanismes de promotion basées sur l'ancienneté, le manque des capacités individuelles, la confiance en soi limitée et la motivation.

L'engagement dans les partis politiques s'exige souvent avec des contrats à long terme: Ce qui est donc difficile pour les jeunes d'obtenir une place dans le marché du travail.

Dans certains cas, le visage de la jeunesse expose un type de discrimination en raison de leur sexe ou parce qu'ils peuvent aussi appartenir à d'autres groupes marginalisés comme les populations autochtones, les personnes handicapées et le fait d'être lesbienne ou homosexuel…

Ces obstacles alimentent un cycle où les jeunes sont victimes par la nature de l'exclusion des partis politiques et décident ensuite de ne pas se joindre à eux parce qu'ils n'ont pas le pouvoir interne de gagner les élections ou des nominations.

La jeunesse devrait être en mesure de développer les compétences et la motivation afin d'être pleinement engagés dans les partis politiques et les parties doivent encouragés la création des espaces pour les jeunes.

LES BONNES PRATIQUES

La stratégie des bonnes pratiques suivantes se concentre sur les activités des jeunes en relation avec les partis politiques pendant la période pré-électorale.

Cela peut être sensible et doit être manipulé avec connaissances et soins.

Encourager les mesures d'actions positives pour les quotas de jeunes et femmes au sein des parties politique

De nos jours, dans certains partis politiques en Afrique, il est d'usage que les représentants de la jeunesse obtiennent des sièges avec des voix consultatives dans les conseils d'administration responsables des subventions sur les droits de vote, sur l'exécutif national et sur les associations locales.

Ce qui donne une voix aux jeunes et une occasion de mobiliser un soutien pour les candidats et les questions des jeunes.

Dans certains contextes, les partis politiques ont utilisé les quotas pour les jeunes dans le but d'accroître la participation dans les positions du leadership ou comme candidats.

En République du Sénégal, le Parti démocratique sénégalais (PDS) détient une participation combinée de 40 % pour les jeunes et les femmes.

Soutenir le développement des partis politiques jeunes

Selon le contexte des pays africains, les partis politiques jeunes peuvent avoir des différentes configurations organisationnelles.

Certains sont des organismes indépendants, vaguement attachés aux Gouvernements.

D'autres sont des branches de groupes de travail au sein des partis politiques.

En effet, le système d'adhésion est largement different. Dans certains mouvements de jeunesse, tout les membres sont en dessous d'un certain âge : telles que de 18 à 35 ans.

Pour les autres parties jeunes, l'adhésion doit être faite indépendamment afin que les jeunes servent généralement dans les fonctions principales.

Les jeunes facilitent la mise en place des réseaux de formation pour les alliances fondées sur les enjeux des partis politiques.

Dans une structure de jeunesse avec sa propre Assemblée d'adhésion et de conseils, il y a beaucoup de possibilités de faire l'expérience de la prise de decision, de développer leurs compétences politiques et des points de vue differents.

Les jeunes peuvent contribuer à la nomination des candidats et l'inclusion des questions de jeunesse dans les programmes des partis.

La section d'une jeunesse puissante sur une période de plusieurs générations rassure également qu'il y a des membres influents du parti qui sont supérieurs aux ainciens. Ils peuvent aussi agir comme des mentors pour les nouvelles générations.

Il existe plusieurs principes fondamentaux pour engager efficacement les jeunes dans le processus politique à travers toute l'Afrique, principalement axé sur les partis politiques.

Basé sur cette expérience, il existe les recommandations suivantes:

Concevoir un programme qui reflète les priorités des jeunes participant;

Fournir une formation facile; les jeunes ont une exposition limitée aux questions politiques. Il est donc important pour eux non seulement de définir leurs problèmes, mais aussi d'identifier les solutions.

Encourager les activités orientées vers l'action; les jeunes ne répondent pas bien à des conférences politiques comme ils le font avec les activités culturelles.

Concevoir des projets ou des activités communautaires qui leur permettent de prendre des responsabilités;

Faciliter le lien entre les jeunes et les dirigeants politiques et communautaires;

Les activités partisanes exigent les jeunes à travailler, collaborer et résoudre des problèmes avec les rivaux politiques, ethniques et tribaux.

Ils doivent apprendre la négociation et la mediation et déposer leurs défenses naturelles afin qu'ils commencent à partager un grand nombre de même ambitions et intérêts.

Veiller à ce que 50% des femmes participent politiquement;

Les femmes sont privées de leurs droits dans presque tous les pays africains face à des défis politiques énormes.

Avec l'explosion de la jeunesse, les femmes doivent avoir des sièges sur les tables.

Établir des consensus avec les dirigeants politiques et communautaires;

Les jeunes doivent construire des engagements dans le processus politique sans le soutien et l'accord des élites politiques et civiques.

Prendre dès le départ le temps pour répondre aux préoccupations et aux objections des dirigeants assurera une programmation efficace.

Organiser des ateliers de renforcement des compétences et des programmes de développement des activités politiques car les jeunes ont besoin de leur propre base financière afin de soutenir les activités politiques puisque les revenus provenant des cotisations ne peuvent pas être élevé.

Dans certains pays africains, les gouvernements fournissent des fonds pour les activités d'éducation civique pour la jeunesse.

Plusieurs partis politiques en Afrique financent de plus en plus les organisations des jeunes dynamiques qui sont susceptibles d'attirer plus de membres.

Les jeunes membres peuvent fonctionner comme des pépinières pour les parties politiques et organiser les congrès.

Enfin, des instruments similaires peuvent être utilisées pour avoir une position dans les procédures de mise en place des candidatures.

Développer les capacités des jeunes membres des partis politiques dans un cadre multipartisane

La jeunesse peut parfois former des réseaux de coordination multi-partisanes qui facilitent le partage des connaissances et la promotion
des valeurs démocratiques de tous les partis dans le but d'aider à diminuer la violence en politique et les conflict car les jeunes ont été beaucoup impliqués dans des affrontements graves et des guerres civiles en Afrique.

L'un des points d'entrée les plus communs pour soutenir les jeunes dans les partis politiques est d'offrir la capacité de se développer.

Les jeunes participants provenant de différents partis politiques reçoivent une formation des compétences comme sur la négociation et le plaidoyer.

Ils développent également des coalitions pour plaider sur certaines questions comme le chômage. La capacité de développement au niveau organisationnel peut être faciliter

par le partage des ateliers de connaissances
et des voyages d'études techniques.

**Assurer la formation et les besoins des
jeunes femmes séparément**

Les jeunes femmes dans la vie des partis
politique sont confrontées à une double
discrimination fondée sur l'âge et le sexe. En
effet, ce facteur nécessite une attention
particulière à leurs besoins.

Une option à envisager est la fondation des
ateliers de formation qui aideront les jeunes
femmes à surmonter les obstacles dans un
espace sécurisé et dans le but de jumeler les
femmes et les hommes dans des postes de
direction.

Enfin, plusieurs activités pourraient se
concentrer sur les jeunes femmes à travers
les lignes des partis politique en Afrique.

La Période électorale

LES PRINCIPAUX ENJEUX

Le taux de participation des jeunes électeurs à travers l'Afrique a augmenté régulièrement entre 1960 et 1990. Mais depuis 1992, la moyenne a diminué de 50%. Cette chute s'explique par une baisse du taux de participation électorale de la jeunesse.

Même si le nombre de jeunes électeurs peut avoir diminué, le nombre total de la population jeune a augmentée.

C'est dans ce sens que les activités visant à accroître la participation électorale des jeunes devraient être mis en œuvre avant la plupart des élections.

L'éducation des électeurs en campagnes abordent des questions telles que les procédures pour l'inscription des électeurs; la date, l'heure et le lieu de vote; mais comment voter?

Comment convaincre les jeunes électeurs que leur vote est essentiel pour une bonne santé de la démocratie en Afrique?

Les instruments utilisés dans l'éducation des électeurs en campagnes comprennent les annonces dans les médias, les panneaux d'affichage, les dépliants, les marchandises et les sites internet.

Ces campagnes devraient être généralement menées par les organes de gestion des élections et par d'autres entités gouvernementales, parfois avec le soutien du PNUD et d'autres fournisseurs d'assistance électorale.

La plupart des campagnes devraient être spécifiquement dirigées par les jeunes électeurs.

Dans certains pays africains, les organisations des partis politiques effectuent des campagnes électorales sans integrer la jeunesse dans leur prise de choix.

Malgré ce niveau significatif des activités politiques, il est important de noter que les jeunes ne semblent pas encore avoir une base de comprendre ce qui peut être efficace avec un risque de dépenser de vastes sommes d'argent pour aucun but.

Renforcer la participation politique de la jeunesse à travers le cycle électoral parce que le taux de participation est façonné par des facteurs complexes et spécifiques selon les contextes.

Les facteurs tels que la perception de l'efficacité du vote, les systèmes d'élections des partis politique en Afrique, la tradition du vote, les procédures d'inscription des électeurs et l'accès physique aux urnes ont également des déterminants importants sur l'individu au niveau social, tels que les attitudes, les connaissances civiques, l'engagement, les réseaux sociaux et la socialisation.

Les publicités et les campagnes d'informations ciblent les attitudes et les connaissances individuelles.

Même la meilleure campagne qui vise à mettre un nombre important de jeunes ne peut atteindre son but ultime dans ces conditions.

Une stratégie réussie doit répondre aux facteurs contextuels et systémiques sociales, y compris par l'engagement civique général des activités de la jeunesse pour une bonne participation politique.

Enfin, les jeunes peuvent venir aux urnes dans un environnement favorable qui devrait leur donner les moyens de participer à la vie civique.

Les sociétés africaines devraient commencer à respecter et accepter les jeunes comme sur des sujets politiques à part entière, et non essentiellement comme les objets des campagnes ou mobilisations.

LES BONNES PRATIQUES

Les stratégies de bonnes pratiques suivantes sont pertinentes pour les activités conjointes des organes pendant la période électorale.

Assurer la participation des jeunes dans toutes les phases des élections avec des campagnes éducatives

Dans le cadre d'une stratégie plus large, dans le but d'améliorer la participation politique de la jeunesse, l'infortion sur comment et pourquoi voter, peut être fourni d'une manière conviviale aux jeunes.

Les représentants des jeunes pourraient être inclus lors de la conception et de la validation des processus de campagnes et de la distribution du matériel éducatif des électeurs pour les campagnes ciblant les jeunes car cela peut être fait par le biais des conseils consultatifs.

L'approche, les méthodes et le langage sont plus susceptibles d'être approprié pour atteindre la jeunesse si les jeunes voix sont inclues à partir de la phase de conception du projet.

Au cours de la mise en œuvre de l'éducation civique des campagnes électorales, la participation de la jeunesse pourrait augmentée, comme à travers de petites subventions dirigées par des jeunes.

Les Gouvernements peuvent être plus ouverts à la campagne avec des messages qui se transmettent par l'éducation civique basée sur une grande enquête auprès des jeunes.

Les représentants des jeunes seront inclus dans des conseils consultatifs pour la conception et la mise en œuvre de la campagne. Les messages de la campagne ne doivent pas se limiter à motiver les jeunes de voter car ils comprennent des exemples inspirants sur l'engagement civique des jeunes en Afrique.

Utiliser des méthodes ludiques et des stratégies multimedia pour attirer l'attention des jeunes

Elle comprendra des spectacles de théâtre, des concerts, des expositions d'art…

Par exemple, avant la première élection démocratique de la Tunisie en octobre 2011, le PNUD avait facilité avec succès diverses activités, comme la chanson principale des élections. Cette chanson est devenue l'hymne national des élections tunisiennes.

En outre, les Gouvernements peuvent aider à mobiliser les jeunes électeurs en collaboration avec des stations radios ou des télévisions populaires.

Les exemples positifs de modèles, y compris les parents, les enseignants ou les idoles de la culture hip-pop (Rap), peuvent avoir un impact significatif sur la socialisation politique comme en République du Sénégal où Didier Awadi est un musicien, rappeur sénégalais, connu dans toute l'Afrique pour son engagement en faveur des causes de la jeunesse africaine.

Inclure les jeunes dans les bureaux de vote, dans les organes de gestion des élections et dans les conseils consultatifs comme observateurs

D'abord, les représentants des jeunes peuvent être impliqués dans tous les aspects du processus électoral.

Chaque partie prenante peut inclure les jeunes dans la conception et la mise en œuvre des activités, y compris celles liées à l'observation des élections et à la gestion.

Les organes de gestion électorale doivent avoir une connaissance sophistiquée de leurs jeunes électeurs et être capable d'identifier les besoins électoraux spéciaux pour les jeunes électeurs.

Certains organes de gestion électorale doivent aussi améliorer leurs connaissances sur la jeunesse par la recherche.

Par exemple, la commission électorale nationale devrait exploiter l'éducation civique en faveur de la démocratie, à l'aide des recherches spécifiques menées sur l'éducation des jeunes électeurs.

Une autre option à considérer est l'inclusion de représentants de la jeunesse afin d'accéder à leurs connaissances spécifiques et accroître l'appropriation. Les jeunes peuvent également être formés comme travailleurs pour faire des sondages.

Développer des outils interactifs en ligne pour atteindre les jeunes électeurs

Les outils internet peuvent atteindre et instruire la jeunesse urbaine, en gardant à l'esprit que l'Afrique possède un nombre important de jeunes qui n'ont pas accès aux initiations à l'informatique avec un accès à internet qui n'est pas encore très répandue.

Les pratiques prometteuses impliquent souvent une combinaison de l'internet, du téléphone mobile, de la radio et la télévision car il existe un certain nombre d'applications potentielles en technologies de l'information et des communications (TIC).

Par exemple, les organes de gestion des élections pourraient envisager d'utiliser les sites internet et les médias sociaux pour interagir avec les jeunes.

Plusieurs pays ont déjà de bon sites internet avec des informations sur le processus electoral qui facilitent l'inscription des électeurs. Cela peut s'avérer particulièrement utile dans les pays où les jeunes auront pour la première fois le pouvoir de voter.

En Afrique du Sud, la Commission électorale propose des informations en ligne avec des procédures d'enregistrement où une combinaison de téléphones mobiles et d'internet est utilisé pour soutenir l'observation des élections garanties et transparentes.

Mais elles doivent aussi être mises en place pour assurer l'objectivité de l'information afin d'éviter les abus par les partis politiques et garantir les informations qui atteindent le public en donnant un bon aperçu de la pratique et du débat sur cette question.

Enfin, à l'aide des outils interactifs en ligne, les jeunes électeurs peuvent faire partie des initiatives plus large sur l'éducation électorale. La formation d'applications de conseil de vote sur internet est une bonne pratique pour atteindre les jeunes électeurs.

LES PRINCIPAUX ENJEUX

La capacité des citoyens à tenir leur représentants élus responsables est une caractéristique fondamentale d'une société démocratique.

En effet, la responsabilisation de la jeunesse ne se limite pas le jour, avant ou après les élections: car les représentants élus répondent aux demandes des citoyens.

Ensuite, des consultations doivent être ouvertent avec les jeunes pour répondre aux questions des citoyens et des medias dans le but de développer les capacités de la jeunesse en politique.

Ces consultations permettront d'aider et d'intégrer les valeurs de transparence, de responsabilité et de réactivité dans la culture politique afin de favoriser la participation de tous.

LES BONNES PRATIQUES

Les bonnes pratiques suivantes sont des recommandations pertinentes pour une activité commune avec les membres des Parlements, des Gouvernement et des OSC dans le plaidoyer orienté pour la période post-électorale.

Faire entendre la voix des jeunes au Parlement et dans les gouvernements

Mis à part les jeunes étant directement repré-senté au parlement, il y a plusieurs points important pour augmenter l'accès de la jeunesse dans les assemblées législatives.

Les Parlements doivent maintenant s'engager avec la société civile par le biais des audiences de certains comités afin que les groupes multipartites soient ciblés sur les questions des jeunes ou délibérés sur les questions qui touchent la jeunesse et qui pourraient mener à des consultations publiques dans le but d'inviter les jeunes avec leurs points de vue au développement parlementaire.

La stratégie pour ces types d'activités permet d'aider les jeunes à obtenir un impact ciblé qui peut entraîner le développement des capacités de la jeunesse, y compris sur le plaidoyer et le parler en public.

Ensuite, les organisations de jeunesse doivent fonder un comité de surveillance parlementaire qu'il faudrait faire approuver par le Ministère de la Jeunesse.

Cet engagement permet d'examiner tous les projets de loi et politiques devant le Parlement dans le but de critiquer l'intégration de certains objectifs.

Les Comités de suivi doivent naturellement encourager la formation des sites internet soutenus par les Gouvernements Africains.

L'internet offre de nombreuses possibilités pour faciliter les engagements directs entre les législateurs et les citoyens en ligne.

En effet, plusieurs Parlements des pays africains ont par conséquent réduit leurs présences en ligne.

C'est dans cette perspective que les Gouvements devraient développer les capacités des médias sociaux afin de mieux communiquer avec les jeunes citoyens dans le but de permettre aux citoyens ordinaires d'examiner de près leurs membres du parlement en posant des questions ou en accédant aux informations sur le comportement de vote.

En Egypte, après la chute du gouvernement Moubarak, chaque jeune a mis en place des projecteurs dans les lieux publics pour afficher des vidéos sur les violations des droits de l'homme.

Cette initiative s'est avéré un moyen efficace de partager l'information qui pourraient autrement être disponible uniquement sur internet.

De nos jours, les jeunes ont un rôle particulier dans le développement de la démocratie en Afrique avec des stratégies politiques qui concernent directement les gouvernements.

La consultation de la jeunesse à travers plusieurs canaux réguliers comme la semaine de la jeunesse ainsi que les forums de la jeunesse peuvent apporter des perspectives et recevoir des commentaires positifs sur les questions politiques importantes.

La publication d'outils utiles pour soutenir l'évaluation des jeunes dans les politiques nationales est importante afin d'encourager la participation des jeunes dans les politiques publiques.

Faciliter les conseils des jeunes dirigés par des parlementaires

Les parlements de jeunes sont utiles pour faciliter l'exercice de notre éducation civique dans le but de sensibiliser la jeunesse à des fonctions et procédures du parlement.

En Afrique, les parlements de jeunes avec l'aide de leurs conseils doivent efficacement représenter les jeunes et leur donner une voix dans la prise de décision nationale.

Les institutions participatives et les jeunes membres des parlements devraient avoir une certaine compétence, comme dans les fonctions consultatives pour les jeunes avec des questions pertinentes.

En effet, Lassy Bouity souligne ici l'importance de l'exploitation des budgets pour les parlements de jeunes.

En effet, il peut parfois s'avérer difficile de savoir si les opinions exprimées dans les parlements de jeunes sont prises en compte.

La frustration peut survenir lorsque les jeunes travaillent dur sans impact traçable.

En début, ce qui devrait être décidé par les Gouvernements Africains ou les comités parlementaires chargés de répondre aux resolutions, ne devrait pas être un événement de temps, mais un événement qui peut permettre un engagement continu et un suivi normal des situations politiques.

Donc l'importance de l'exploitation des budgets pour les parlements de jeunes peut être une contribution importante à la responsabilité globale afin de réussir le travail des jeunes dans les parlements Africains.

Aujourd'hui, les Parlements Africains doivent impliquer les jeunes qui choisissent les membres aux élections de district deux fois par mois afin que ces membres se réunissent sur des questions de capital mais également pour des débats en cours de discussion.

Les Gouvernement doivent suivre le travail des ministères de la jeunesse et disposer d'un espace de travail avec les jeunes.

Les jeunes en général seront aussi autorisés à entrer dans les comités nationaux des

Parlements en Afrique et capable de consulter les membres nationaux.

Les Parlements des pays Africains doivent inclure les jeunes dans la politique nationale de la jeunesse.

Inviter des groupes de jeunes à visiter les parlements nationaux

Les politiciens sont invités dans les écoles et les universités afin de partager l'information avec les étudiants sur les programmes politiques des Parlements.

En effet, les Parlements des pays Africains doivent inviter les étudiants à suivre leurs travaux quotidiennement.

Les Gouvernements Africains doivent faciliter un tel exercice.

Renforcer la participation politique de la jeunesse à travers le cycle electoral permet d'inviter des groupes de jeunes à visiter les parlements nationaux.

Initier des programmes de stage au Parlement pour les étudiants

Certains parlements en Afrique doivent initier des stages pour les étudiants, surtout au niveau universitaire.

La structure de ces programmes peut varier en fonction des pays. Lorsqu'ils sont bien conçus, les étudiants et les parlementaires à la fois font ensemble des prestations.

Alors que les étudiants auront la possibilité de développer des compétences professionnelles et une compréhension des procédures parlementaires des législateurs, les parlementaires auront la possibilité de tirer profit de leur compétences professionnelles, avec des programmes de développement qui soutiennent des stages.

Former et soutenir les jeunes parlementaires

Les jeunes parlementaires ont besoin d'aide pour accroître leurs effets de levier et pour contribuer à l'évolution des normes culturelles afin que les capacités des jeunes leaders soient plus largement reconnues.

C'est dans cette perspective que les Gouvernements Africains doivent adopter une résolution par consensus dans le but de soutenir tous les jeunes membres parlementaires.

Les Gouvernements et d'autres fournisseurs d'assistance de gouvernance doivent aussi offrir un certain nombre d'options de formation en leadership aux jeunes parlementaires.

Initier et appuyer les conseils de la jeunesse au niveau local

Les jeunes délégués aux conseils peuvent être sélectionnés dans des universités et faire des rapports à leur pairs avec des accords clairs qui peuvent être faits avec les conseils municipaux, suivant les procédures de consultation, comme la participation à des comités municipaux de la jeunesse ou sur un budget spécifique pour les parlements de jeunes.

Le travail des groupes et des comités peut être chargé de la resolution des questions locales qui concernent les jeunes.

En Afrique, beaucoup de Gouvernements ont soutenu avec succès la création des conseils de la jeunesse dans un cadre politique.

Cette activité innovante combine une formation sur l'atténuation des conflits pour la participation des jeunes et permet aux jeunes de participer efficacement dans les processus de prise de décision sur la communauté.

CONCLUSION

Je suis né dans une famille africaine de la classe moyenne ; si mon but est de permettre à d'autres jeunes, même si je ne les connais pas personnellement, d'avoir ce que je n'avais pas, c'est d'exploiter les potentiels... ainsi qu'offrir une chance aux nouvelles générations de prouver leurs compétences et leurs engagements afin qu'elles puissent avoir une vie meilleure que la mienne.

C'est dans ce but que j'ai été actif dans la promotion des droits de la jeunesse et la protection de l'environnement puisque les processus politiques sont des éléments essentiels du renforcement de la bonne gouvernance démocratique en Afrique.

En résumé, cela implique un adressage stratégique:

1. Le cadre juridique: un examen des lois électorale qui a des effets sur la participation politique de la jeunesse;
2. La phase pré-électorale: la reconnaissance et le soutien pour les jeunes de notre communauté politique et des dirigeants des partis politique;
3. La phase électorale: mobiliser les jeunes comme électeurs, candidats et observateurs actifs dans tous les aspects du processus électoral;

4. La phase post-électorale: soutenir les voix des jeunes dans la législature et dans les gouvernements;

Ce livre a pour but de fournir un menu du potentiel stratégique de soutien, ainsi que des exemples pratiques et des expériences avec un éventail de parties prenantes aux élections.

Il faut espérer qu'elle constituera une nouvelle ressource utile pour les jeunes, les Gouvernements des pays Africains, les fournisseurs d'assistance électorale et les parties prenantes dans le développement durable de grande envergure avec des programmes visant à atteindre la plus grande inclusion de la jeunesse dans les processus politiques.

Renforcer la participation politique de la jeunesse à travers le cycle electoral est un exemple, suivant une bonne pratique qui vise à fournir l'inspiration et les informations pour les Gouvernements Africains et d'autres partisans de la jeunesse politique.

Les lecteurs peuvent trouver ce livre utile pour le développement et l'implication de leurs propres stratégies dans des contextes différents.

Les informations de base sont une liste de contrôle standardisée pour chaque bonne pratique; les pratiques sont énumérés dans l'ordre selon lequel elles apparaissent dans le livre.

Ces exemples ont été choisis sur la base d'une contribution démontré aux jeunes qui

participent à la vie politique des pays
Africains.

Ces pratiques sont également nécessaires
pour favoriser le développement des
capacités au niveau des individus, des
organisations ou des environnements
favorables.

Une forte préférence a été donnée à ces
exemples qui font de la participation
effective et significative des jeunes une
sortie immédiate de cette situation.
Notamment, en veillant à la participation des
jeunes dans les organes directeurs du projet,
en partenariat avec des initiatives dirigées
par des jeunes et en facilitant l'inclusion des
jeunes dans les consultations nationales et
locales procédés.

Néanmoins, les systèmes électoraux et les
autres facteurs contextuels doivent être pris
en considération afin de déterminer si ces
stratégies peuvent être pertinentes pour les
contextes spécifiques.

Ces critères d'évaluation ont été utilisés afin de mieux comprendre les forces ou les faiblesses des exemples de bonnes pratiques.

Il s'agit notamment de:

1. L'innovation: fournir de nouvelles réponses à une réalité changeante avec des politiques appliquées et susceptibles d'attirer les jeunes avec la technologie (si les jeunes instruits sont ciblés).
2. L'inclusion: Est-ce que l'activité de l'inclusion sociale est un large éventail pour les jeunes?

Les différents groupes pourraient englober les jeunes femmes socio-économiquement marginalisées, les minorités ethniques, les jeunes analphabètes (y compris ceux qui ont le manque de compétences en informatique), les habitants des zones rurales ou les jeunes ayant des besoins spéciaux.

3. La reconnaissance a été une approche reconnue par d'autres organisations, comme dans les rapports de bonnes pratiques couronnés des recompenses.

4. La pertinence des Gouvernements Africains: Quelle pertinence des projets en termes d'approche des pays Africains pendant le cycle electoral?

Est-il approprié pour le développement des contexts nationaux?

Peut-il être mis en œuvre dans les paramètres de programmation pour nos Gouvernements?

Les conditions ne sont pas pleinement satisfaisantes car des suggestions pour l'adaptation sont faites.

Importance des partis politiques

Les partis politiques sont des institutions démocratiques nécessaires et souhaitables

Au cœur de la vie politique, les partis exercent divers rôles.

Par exemple, ils recrutent des candidats aux élections, élaborent les plateformes à soumettre au jugement de l'électorat comme:

L'investiture des candidats: les partis organisent le processus de sélection des candidats aux élections.

La mobilisation électorale: les partis mènent des activités de rayonnement auprès de l'électorat afin de rallier des appuis en faveur de leur candidat et de faciliter la participation politique.

La Représentation sociétale: les partis offrent aux groupes des moyens d'acquérir une représentation.

La formation et le soutien des gouvernements: les partis aident à organiser les rôles au sein du gouvernement et de l'opposition, de manière à assurer la reddition de comptes à l'électorat.

L'intégration sociétale: les partis permettent aux citoyens de participer efficacement au processus politique.

Notes et références

Les jeunes représentent 70% de la population en Afrique et deviennent de plus en plus actif dans la sphère politique à travers les espaces de discussion universitaires, professionnels, de rue et sur internet (Facebook, Twitter…). Page 15

Renforcer la participation politique de la jeunesse à travers le cycle électoral et des capacités individuelles est la clé. Page 20

Encourager la participation des jeunes continue et l'éducation civique dans les écoles et les universités. Page 26

Mettre en œuvre des méthodes et des stratégies de divertissement multimédia pour attirer l'attention des jeunes. Page 31

Travailler ensemble afin que la voix des jeunes soit entendus dans les Parlements et par les Gouvernements. Page 39

Dans le cadre des régimes et institutions politiques, l'élection à l'époque contemporaine est revendiquée au moins formellement comme étant le mode le plus légitime d'accession au pouvoir. Page 42
Un double vote peut être prévu par les statuts pour tenir compte de l'ancienneté ou du statut patrimonial, professionnel, familial... Page 46

Certains pays prévoient également l'octroi d'une dotation publique aux candidats selon des règles variables (dotation fixe ou variable ou semi-variable en fonction des résultats obtenus par chaque candidat). Page 50

Comme chez les adultes, les motivations pour la participation politique peuvent différer d'une personne à l'autre. Page 54

Tout engagement formel ou informel peut être compris comme une participation politique du jeune. Les deux peuvent être bénéfique pour une démocratie vivante ou résiliente. Page 59

La jeunesse doit être informé sur les objectifs, la portée et les procédures du processus afin qu'elle participe. Page 65

Se fonder sur une approche basée sur les droits à la participation politique de la jeunesse afin d'éviter purement et symboliquement les activités pseudo-participative. Page 69

Pour la jeunesse africaine, les bonnes pratiques suivantes impliquent les gouvernements et les parlements afin que les acteurs deviennent capables de passer en revue tous les cadres... Page 74

Ces politiques considèrent des hommes plus âgés et mieux adaptés que les jeunes et les femmes. Page 78

Pour la jeunesse congolaise et d'autres fournisseurs d'assistance électorale, il est important de soutenir cette constitution... Page 80

Cette tactique reconnaît avec succès que le développement des capacités pour les jeunes dirigeants dépend largement du travail au sein d'un contexte organisationnel et culturel donné. Page 86

Beaucoup de jeunes ne font pas confiance aux partis poliques, tandis que souvent les dirigeants des partis se plaignent que les jeunes ne sont pas disposés à s'impliquer. Page 92

Les jeunes facilitent la mise en place des réseaux de formation pour les alliances fondées sur les enjeux des partis politiques. Page 96

La jeunesse peut parfois former des réseaux de coordination multi-partisanes qui facilitent le partage des connaissances et la promotion
des valeurs démocratiques... Page 101

Les publicités et les campagnes d'informations ciblent les attitudes et les connaissances individuelles. Page 105

D'abord, les représentants des jeunes peuvent être impliqués dans tous les aspects du processus électoral. Page 110

La stratégie pour ces types d'activités permet d'aider les jeunes à obtenir un impact ciblé qui peut entraîner le développement des capacités de la jeunesse, y compris sur le plaidoyer et le parler en public. Page 116

Les jeunes en général seront aussi autorisés à entrer dans les comités nationaux des Parlements en Afrique et capable de consulter les membres nationaux. Page 120

En Afrique, beaucoup de Gouvernements ont soutenu avec succès la création des conseils de la jeunesse dans un cadre politique. Page 124

C'est dans ce but que j'ai été actif dans la promotion des droits de la jeunesse et la protection de l'environnement puisque les processus politiques sont des éléments essentiels du renforcement de la bonne gouvernance démocratique... Page 125

Néanmoins, les systèmes électoraux et les autres facteurs contextuels doivent être pris en considération afin de déterminer si ces stratégies peuvent être pertinentes pour les contextes spécifiques. Page 128

- L'Organisation des Nations Unies (ONU)
- L'Union Africain (UA)
- La Communauté Économique et Monétaire des Etats de l'Afrique Centrale (CEMAC)
- République du Congo (R.C)
- Les Organisations de la Société Civile (OSC)

- L'Organisation des Nations unies pour l'éducation, la science et la culture (UNESCO)
- Le Programme des Nations unies pour le développement (PNUD)
- La Déclaration universelle des droits de l'Homme (DUDH)
- Le Programme d'action mondial pour la jeunesse (PAMJ)
- La Convention internationale des Droits de l'Enfant (CIDE)
- Organisations Non Gouvernementales (ONG)
- Technologies de l'Information et des Communications (TIC)
- Conseil National de la Jeunesse (CNJ)
- Commission électorale indépendante (CEI)